BEI GRIN MACHT SICH IHR WISSEN BEZAHLT

- Wir veröffentlichen Ihre Hausarbeit,
  Bachelor- und Masterarbeit

- Ihr eigenes eBook und Buch -
  weltweit in allen wichtigen Shops

- Verdienen Sie an jedem Verkauf

Jetzt bei www.GRIN.com hochladen
und kostenlos publizieren

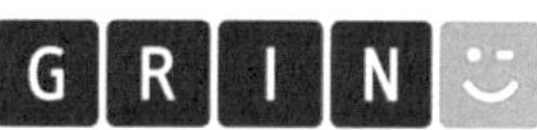

Bibliografische Information der Deutschen Nationalbibliothek:

Die Deutsche Bibliothek verzeichnet diese Publikation in der Deutschen National-
bibliografie; detaillierte bibliografische Daten sind im Internet über http://dnb.d-
nb.de/ abrufbar.

Impressum:

Copyright © 2008 GRIN Verlag, Open Publishing GmbH
Druck und Bindung: Books on Demand GmbH, Norderstedt Germany
ISBN: 9783668208278

Dieses Buch bei GRIN:

http://www.grin.com/de/e-book/141657/kunsttherapie-bei-autismus

Susanne Meidel

Kunsttherapie bei Autismus

GRIN Verlag

Inhaltsverzeichnis

1 Einleitung

Das Thema dieser Hausarbeit lautet „Autismus". Dieses Thema interessiert mich schon seit längerem, da es, meiner Meinung nach, nicht leicht ist, das Verhalten einer autistischen Person nach zu vollziehen. Sowohl in meinem freiwilligen sozialen Jahr als auch in meinem Praxissemester hatte ich mit autistischen Menschen zu tun. Für mich war es eine große Herausforderung mit dieser Behinderung um zu gehen und genau aus diesem Grund fand ich das Thema so spannend.

Leider habe ich nie die Möglichkeit gehabt, mich näher mit dem Krankheitsbild Autismus zu beschäftigen. Auch das derzeitige Seminar an der KFH Freiburg, welches sich mit Autistischen Erkrankungen beschäftigt, kann ich aus organisatorischen Gründen nicht besuchen. Dies habe ich zum Anlass genommen, mich selbst einmal in das Krankheitsbild Autismus hineinzulesen. Im folgendem Hauptteil habe ich mich also mit den Fragen: „Was ist Autismus überhaupt?", „Wo kommt die Krankheit her?" und „Welche Therapieformen gibt es?" beschäftigt. Da ich selbst eine Reiterin bin und später evtl. auch die Ausbildung zur Reittherapeutin machen möchte, bin ich im letzten Teil der Arbeit besonders auf die Aspekte der Heilpädagogischen Reittherapie eingegangen.

2 Hauptteil

2.1 Was ist Autismus?

Im Jahr 1911 bezeichnete der Psychiater Bleuler einen Rückzug in die eigene psychische Welt als „Autismus". Er ordnete dieses Krankheitsbild in die Gruppe der schizophrenen Störung ein. 1943/1944 beschrieben der Kinderpsychiater Kanner in den USA und der Kinderarzt Asperger in Österreich unabhängig voneinander zwei unterschiedliche Störungsbilder, welche sie jeweils als „autistisch" bezeichneten. Diese beschriebenen Störungen sind heute als frühkindlicher Autismus (Kanner-Syndrom) und als Asperger-Syndrom bekannt. Die beschriebenen autistischen Menschen bei Kanner und Asperger ziehen sich allerdings nicht auf Grund einer schizophrenen Störung (z.B. auf Grund von Wahnvorstellungen und Halluzinationen) in eine eigene Welt zurück, sondern wegen ihrer gestörten sozialen Interaktion, Kommunikation und ihres eingeschränkten Repertoires von Aktivitäten und Interessen. Trotz dieses großen Unterschiedes zu Bleulers Theorie im Jahr 1911 wurde der Autismus-Begriff beibehalten. Heute spricht man auch von autistischen Spektrumsstörungen bzw. Syndromen, da bei Menschen mit autistischen Störungen oft eine Vielzahl von Einzelsymptomen zu erkennen ist. Die Symptome können sowohl quantitativ, d.h. bezüglich des Schweregrades, als auch qualitativ, d.h. in der Art und Weise der Ausprägung, unterschiedlich ausgeprägt sein. Die autistischen Spektrumsstörungen sind im Wesentlichen durch drei Hauptmerkmale gekennzeichnet:

1. Störung der wechselseitigen sozialen Interaktion, d.h. es liegt eine Beeinträchtigung der zwischenmenschlichen Beziehungen vor.
2. Störung der Kommunikation, d.h. der sprachlichen und nicht sprachlichen Kommunikationsformen wie Gestik und Mimik.
3. Ein deutlich eingeschränktes Repertoire von Aktivitäten und Interessen sowie ein Auftreten stereotyper Verhaltensmuster.

Autistische Störungen werden heute nach der ICD – 10 zu den tief greifenden Entwicklungsstörungen gerechnet. Diese Einordnung geht zunächst von der Beobachtung aus, dass die Entwicklung von autistischen Kindern von Geburt an verzögert ist. Nachuntersuchungen haben schließlich auch gezeigt, dass der Entwicklungsrückstand kaum aufgeholt werden kann. Dies war wohl der Anlass für die Bezeichnung tief greifende Entwicklungsstörung. Bei autistischen Syndromen besteht immer eine Störung der Wahrnehmungs- bzw. Informationsverarbeitung, der heute im Wesentlichen drei theoretische Konzepte zugrunde liegen:

1. Störung der so genannten *„Theory of Mind"* bzw. des *„Mentalising"*:
2. Hierunter wird die Unfähigkeit verstanden, sich in das Erleben, Denken, Fühlen und Verhalten anderer Menschen hineinzuversetzen. Menschen mit Autismus zeichnen sich vielfach durch einen Mangel an Empathie und durch ein gestörtes Verständnis sozialer Situationen aus. Sie können aus diesem Grunde auch den Symbolcharakter bzw. „Hintersinn" bestimmter Redewendungen, von Ironie bzw. Witzen nur unzureichend verstehen.
3. Störung der *„exekutiven Funktionen"*:
4. Diese Störung resultiert in einer eingeschränkten Planungsfähigkeit, verminderten Flexibilität und Strukturierungsfähigkeit. Diese Fähigkeiten sind wesentlich im Frontalhirn verankert.
5. Störung der *„zentralen Kohärenz"*:
6. Hierunter wird eine gestörte ganzheitliche Erfassung von Objekten verstanden, die zum „Haften an Details" und zu einem eingeschränkten Verständnis des Gesamtzusammenhan-

ges von Situationen führt. Die Störungen der Wahrnehmungs- und Informationsverarbeitung führen dazu, dass autistische Menschen einen Großteil interner und externer Reize nicht verstehen, insbesondere nicht die sehr komplexen Informationen im affektiven und sozialen Bereich. Sie fühlen sich wie in einer fremden, chaotischen Welt oder wie „auf einem fremden Planeten".

Wie bereits oben schon erwähnt unterscheidet man auch heute noch (im deutschsprachigen Raum) zwischen drei Diagnosearten des Autismus:

- Frühkindlicher Autismus/Kanner-Syndrom: Dies ist eine tief greifende Entwicklungsstörung, die in den ersten 3. Lebensjahren beginnt. In den meisten Fällen kommt auch eine geistige Behinderung hinzu. Autistische Kinder zeigen schon im frühesten Säuglingsalter Auffälligkeiten wie Störungen des Schlaf-Wach-Rhythmus, Essstörungen, abnormes Schreien, Störungen der Ausscheidungsfunktionen, Übererregbarkeit, usw. Oft lernen diese Kinder das Sprechen nie und wenn sie es doch lernen ist in aller Regel eine deutliche Sprachentwicklungsverzögerung vorhanden.

- Atypischer Autismus: Hierbei tritt die beeinträchtigte Entwicklung erst nach dem 3. Lebensjahr ein. Diese Form von Autismus kommt häufig bei schwer intelligenzgeminderten Kindern vor, bei denen ein spezifisch abweichendes Verhalten wegen ihres insgesamt niedrigen Funktionsniveaus nicht hinreichend differenziert werden kann. Dies sind auch häufig Kinder, welche unter einer umschriebenen Entwicklungsverzögerung der rezeptiven Sprache leiden.

- Asperger-Syndrom: Dieses unterscheidet sich vom frühkindlichen Autismus in erster Linie dadurch, dass oft keine Verzögerung bzw. kein Entwicklungsrückstand in der Sprache oder der kognitiven Entwicklung vorhanden ist. Kinder mit dem Asperger Syndrom lernen oft sehr früh und sehr gewählt sprechen. Weiter sind diese meist normal oder fast normal intelligent. Jedoch ist eine motorische Ungeschicklichkeit und Auffälligkeiten in der sozialen Interaktion festzustellen.

Im englischsprachigen Raum kommt noch eine weitere Form hinzu. Hierbei handelt es sich um den Hochfunktionalen Autismus (High Functioning Autism). Dieser hat die gleiche Symptomatik wie der frühkindlichen Autismus jedoch mit normalem Intelligenzniveau.

3 Ursachen

Lange Zeit dominierte die These zur Psychogenese der autistischen Störungen, zum Teil mit Schuldzuweisung an die Eltern. Heute jedoch weiß man, dass es sich beim Autismus um eine Entwicklungsstörung des Gehirns handelt.

Familien- und Zwillingsuntersuchungen haben gezeigt, dass zur Entstehung autistischer Spektrumsstörungen mehrere Gene bzw. deren Wechselwirkungen beitragen. Diese zeigen eine hohe Variationsbreite in Bezug auf den Schweregrad und Ausdrucksform des Krankheitsbildes. Weiterhin haben Molekulargenetische Untersuchungen ergeben, dass es bestimmte Genorte gibt, welche für die Verursachung des Autismus ausschlaggebend sein können. Es wird angenommen, dass genetische Veränderungen zu einer Entwicklungsstörung des Gehirns führen. Diese Veränderungen finden sich vor allem im Kleinhirn, im Bereich des Frontal- und Temporallappens sowie im limbischen System. Hinzu kommen Hinweise, welche besagen, dass die Verbindungen und die Kommunikation zwischen unterschiedlichen Hirnregionen gestört sind. Schließlich belegen Untersuchungen, dass ein höheres Alter von Mutter und/oder Vater bei der Geburt des Kindes häufiger mit autistischen Spektrumsstörungen assoziiert ist.

4 Therapie

Die Behandlungs- und Interventionsmethoden sind aus der unmittelbaren Erfahrung im Umgang mit autistischen Menschen entstanden und sind an den Zielsymptomen orientiert. Die individuelle Psychotherapie erhält schwerpunktmäßig einen wichtigen Stellenwert und ist darauf ausgerichtet, die Schwierigkeiten autistischer Menschen besser zu verstehen und aufgrund dieses Verständnisses besser mit ihnen umgehen zu können. Dennoch gibt es viele weitere Behandlungsmethoden, welche immer öfters in einem multimodalen Plan zusammengeschlossen bzw. integriert werden. Dabei ist es natürlich wichtig, dass sich die Grundprinzipien der einzelnen Therapien nicht widersprechen. Demgemäß wird zunehmend ein ganzheitliches und umfassendes Vorgehen, also ein sinnvolles Zusammenwirken der verschiedenen Methoden, propagiert. In allen Fällen ist es wichtig, möglichst früh mit der therapeutischen Behandlung zu beginnen, denn nur so sind die Erfolgsaussichten am größten. Allerdings muss festgehalten werden, dass keine Behandlungs- und Fördermethode eine autistische Störung heilen kann, eine entscheidende Besserung herbei zu führen, ist schon viel.

Die Behandlung einer autistischen Störung muss also einen ganzheitlichen Therapie- und Förderansatz verfolgen, welcher die Gesamtentwicklung des Patienten zum Ziel hat. Jedoch ist dies nicht so einfach, denn dabei muss man gleichzeitig bestimmte Symptome, Eigenarten oder Auffälligkeiten gezielt beeinflussen.

Keine Behandlung kann ohne eine sorgfältig durchgeführte Untersuchung erfolgen, denn der Stellenwert von Symptomen oder Verhaltensauffälligkeiten kann bei jedem autistischem Menschen sehr unterschiedlich sein. Symptome haben oft eine ganz individuelle Bedeutung für den einzelnen und können nur in ihrem Stellenwert durch eine sorgfältige Analyse richtig eingeschätzt werden. Es kommt also darauf an, nach einer differenzierten individuellen Diagnostik und unter Einbeziehung des jeweiligen Lebensumfeldes einen Behandlungsplan zu erstellen, in dem jede einzelne Behandlungsmethode ihren Platz hat.

4.1 Besonderheiten bei Menschen mit Autismus

Viele Menschen mit Autismus zeigen die Tendenz sich an ungewöhnlichen, für die Situation nicht relevante Merkmale zu orientieren und die Situation nicht als ganzes zu erfassen, was zu erheblichen Schwierigkeiten führen kann. Da der Zusammenhang so nicht erkannt wird, kann etwas gelerntes nicht wie selbstverständlich auf eine andere Situation übertragen und angewendet werden.

Autistische Menschen haben oft Probleme komplexe Aufforderungen, d.h. Gehörtes in Verbindung mit Gesehenem, zu verarbeiten. Grund hierfür ist die Aufmerksamkeit. Denn die Schwierigkeit bei diesen Personen besteht darin, dass sie ihre Aufmerksamkeit nicht schnell und flexibel wechseln können. Es kann somit zu sehr verzögerten oder sogar ausbleibenden Reaktionen kommen. In diesem Zusammenhang ist auch die hohe Ablenkbarkeit zu nennen, welche mit der sensorischen Überempfindlichkeit zusammenhängt, d.h. es werden viel zu viele Reize wahrgenommen, welche alle die Aufmerksamkeit beanspruchen.

Weiterhin sind Defizite bei der zeitlichen Organisation vorhanden. Betroffene können oft die Abfolge von Ereignissen nicht überblicken und auch die eigene Handlungsorganisation bringt große Schwierigkeiten mit sich. Denn sie tendieren dazu, Informationen eher in ein räumliches als in ein zeitliches Bezugssystem einzuordnen, sie können Informationen nur schwer analysieren und speichern sie daher als eine Ganzheit. Hier liegt meist eine Störung in der Verknüpfung von zeitlichen und räumlichen Bezügen vor. Jedoch gibt es nicht nur zeitliche sondern auch räumliche Orientierungsschwierigkeiten. Autistischen Menschen ist es nicht klar, wo etwas hin gehört, wo man sich selbst befindet oder wo man hin soll. Ursachen hierfür liegen beim Erfassen von Bedeutungen, denn die Umwelt und/oder die Sprache der Mitmenschen sind für den erkrankten Menschen meist nicht eindeutig genug.

4.2 Therapieformen

Im folgenden Teil möchte ich einige Therapieformen vorstellen. Um den Rahmen dieser Hausarbeit nicht zu sprengen, werde ich mich allerdings sehr kurz fassen.

a) Frühförderung

Autistische Kinder sollten frühzeitig entsprechende Fördermaßnahmen erhalten, so dass die Beeinträchtigungen möglichst gering gehalten werden können. Diese Maßnahmen werden entweder von der Autismusambulanz oder von interdisziplinären Frühförderstellen in kinder- und jugendpsychiatrischen Kliniken durchgeführt. Nach ein bis zwei Jahren intensiver vorschulischer Intervention, wurden bei einigen Maßnahmen signifikante Beschleunigungen der Entwicklung, über signifikante Fortschritte in der Sprachentwicklung, verbessertes Sozialverhalten und ein Rückgang der autistischen Symptomatik erzielt. Studien haben gezeigt, dass autistische Kinder am meisten profitieren, wenn die Intervention: - sehr früh beginnt (zwischen zwei und vier Jahren) - wenn sie intensiv genug ist

- wenn die Dauer ausreichend ist (mindestens ein bis zwei Jahre oder mehr)

b) Verhaltenstherapie

Auch in diesem Bereich gibt es eine Vielzahl an Therapiemöglichkeiten, welche bei autistischen Menschen angewandt werden können. All diese Therapieformen zielen darauf ab, störendes Verhalten abzubauen um anschließend erwünschte Verhaltensweisen aufzubauen. →
Operante Konditionierung: Diese Verhaltenstherapie bezweckt, ein bestimmtes erwünschtes Verhalten durch angenehme Konsequenzen zu belohnen. Dagegen wird unerwünschtes Verhalten durch negative Sanktionen geahndet.

→ Shaping: Dabei geht man prinzipiell so vor, dass stufenweise jene Verhaltensformen verstärkt werden, die eine Annäherung an das gewünschte Endziel darstellen.

→ <u>Prompting</u> bezeichnet eine Verhaltenshilfe/Formungstechnik zum Aufbau von erwünschtem Verhalten, welche bei den Operanten Methoden und in die Kategorie Lernen eingeordnet werden kann.

→ <u>Fading</u>: Im späteren Verlauf der Behandlung wird darauf geachtet, dass angewendete Verhaltenshilfen so wenig wie möglich gebraucht werden und so werden diese Schritt für Schritt wieder zurückgenommen. Auf diese Weise soll eine Abhängigkeit an die Hilfestellung vermieden werden.

→ Der <u>TEACCH Ansatz</u> ist in vielen europäischen Schulen und pädagogischen Einrichtungen bekannt. Die Prinzipien sind Strukturierung der Situation und Visualisierung.

c) Körperbezogene Verfahren

Körperbezogene Therapieansätze umfassen zahlreiche, jeweils unterschiedlich begründete Verfahren. Diese beziehen körperliche Funktionen in die Behandlung mit ein, um neue, positive Verhaltensweisen und eine intensivierte Beziehungsaufnahme zu bewirken. → <u>Festhaltetherapie</u>: Man geht davon aus, dass der Widerstand autistischer Kinder gegen Nähe und Körperkontakt durch Festhalten solange überwunden werden muss, bis das Kind seinen Widerstand aufgibt. Nach der Überwindung dieses Widerstands würde schließlich die Angst vor Nähe abnehmen. Diese Vorgehensweise kann jedoch zu einer Zunahme aggressiver Gefühle und Handlungen des gewaltsam gehaltenen Kindes führen.

→ <u>Gestützte Kommunikation</u>: Mit dieser therapeutischen Maßnahme soll Menschen mit einer ausgeprägten Kommunikationsstörung geholfen werden sich nichtsprachlich mitzuteilen. Die Gestützte Kommunikation zielt hauptsächlich darauf ab, dass ein Helfer den in seiner Kommunikation eingeschränkten Menschen an der Hand, am Arm oder an der Schulter stützt, während dieser auf eine Buchstabentafel oder eine Buchstabentastatur zeigt bzw. tippt. So entstehen Worte oder sogar ganze Sätzen. Während des Stützens darf allerdings nicht bei der Auswahl von Buchstaben geholfen werden. Ziel dieser Förderung ist es auch, dass die Stützung schrittweise weitest möglich zurückgenommen werden kann. In der heutigen Zeit ist es ein weiteres Anliegen der Gestützten Kommunikation geworden, auch andere Methoden der „Unterstützenden Kommunikation" zu nutzen. Das bedeutet, dass außer den Schriftzeichen vermehrt Körpersprache, Gebärden, Fotos, Bilder und Symbole als Bedeutungsträger in die Kommunikation mit einbezogen werden. → <u>Auditorisches Integrationstraining</u>: Hierbei geht man von der Hypothese aus, dass autistische Kinder eine erhöhte Empfindlichkeit in der

Wahrnehmung akustischer Reize aufweisen, wobei es sich sowohl um Hypo- als auch um eine Hypersensitivität gegenüber verschiedenen und spezifischen Lautfrequenzen handeln kann. Das Auditorische Integrationstraining soll spezifische Lautfrequenzen dämpfen und somit die Geräuschempfindlichkeit herabsetzen. Als Folge daraus kann eine positive Änderung des Anpassungsverhaltens und eine Reduzierung fehl angepassten Verhaltens bewirkt werden.

→ <u>Ergotherapie</u>: Hier ist die Rede von vielseitigen Beschäftigungsangeboten, wie z.B.: Arbeiten mit verschiedenen Materialien, Malen, Musik usw., unter Berücksichtigung vorhandener Begabungen.

→ <u>Kreative Verfahren</u>: Zu diesem Bereich gehören Musik- und Tanztherapie. Diese bieten durch ihr nonverbales Kommunikationsspektrum einige Fördermöglichkeiten. Viele autistische Kinder besitzen trotz ihrer Beeinträchtigungen außergewöhnliche Begabungen.

d) Pädagogische Programme

Hierzu zählt zum Beispiel die Daily – Life – Therapie mit der Grundhypothese, dass das hohe Angstniveau bei vielen autistischen Kindern durch physische Übungen reduziert werden kann. Der Schwerpunkt dieses Programms liegt auf der Gruppenarbeit, d.h. Musik, Kunst oder Theater werden mit anstrengender körperlicher Betätigung kombiniert, wobei unangemessene Verhaltensweisen streng kontrolliert werden.

e) Medikamentöse Therapie

Eine medikamentöse Behandlung autistischer Störungen muss immer in einen Gesamtbehandlungsplan integriert werden, denn sie ist als alleinige Intervention nicht ausreichend. Diese Therapie richtet sich an bestimmte Zielsymptome, welche man mit Hilfe von Medikamenten zu beeinflussen versucht. Solche Zielsymptome können sein: Hyperaktivität, Aggressivität, selbstverletzendes Verhalten, Stereotypen usw.

5 Auch Pferde können helfen

Im Folgendem möchte ich auf ein Therapieangebot mit Pferden zu sprechen kommen. In diesem Bereich sind das Heilpädagogische Reiten und Voltigieren an zu siedeln, zu beidem bedarf es ein speziell ausgebildetes Therapiepferd.

5.1 Definition

„Unter dem Begriff Heilpädagogisches Voltgieren/Reiten werden pädagogische, psychothera-
peutische, rehabilitative und soziointegrative Angebote mit Hilfe des Pferdes bei Kindern,
Jugendlichen und Erwachsenen mit verschiedenen Behinderungen oder Störungen zusammengefasst." [1] Wichtig dabei ist, dass die individuelle Förderung über das Medium Pferd im
Vordergrund steht und nicht die reitsportliche Ausbildung. Durch diese Art der Therapie soll
die Motorik, die Wahrnehmung, das Lernen, das Befinden und das Verhalten positiv beein-
flusst werden.

5.2 Das Pferd als Medium

Im Jahr 1997 wurden die medialen Qualitäten des Pferdes im Rahmen von Förderprozessen
näher untersucht und vier Funktionen herausgearbeitet:

- Das Pferd dient als Medium zur Selbst- und Fremdwahrnehmung.

- Das Pferd kann sozial – kognitive Lernprozesse initiieren, sozusagen als Erziehungshelfer.

- Das Pferd dient als Medium zu sozialem Kontakt, Kommunikation und Kooperation.

- Das Pferd befriedigt Bedürfnisse nach sozialer Nähe und Körperkantakt.

Da für die Förderung von autistischen Menschen die letzten beiden Punkte am bedeutsamsten
sind, werde ich auf diese zwei Funktionen näher eingehen.

a) Befriedigung von Bedürfnissen nach sozialer Nähe und Körperkontakt

Während des Heilpädagogischen Reitens/Voltigierens geht der Klient immer einen Bewe-
gungsdialog mit und auf dem Pferd ein. So entsteht dabei die Vermittlung eines Beziehungs-
angebotes. Da Pferde von Natur aus neugierig und dem Menschen zugewandt sind, suchen sie
immer den direkten Kontakt zum Menschen. Um diesen Kotakt aufrecht zu erhalten, muss
auch der Mensch von sich aus in der Begegnung mit dem Pferd initiativ und aktiv bleiben. Ist
dies nicht der Fall, wendet sich das Pferd schnell wieder ab vom Menschen hin zu seinen Art-
genossen. Da Pferde einen breiten Rücken haben und auch schwere Lasten tragen können,

---

[1] Autistische Menschen zwischen Jugend- und Behindertenhilfe - High Function Autism und Aspergersydrom,
Andrea Pickartz, Heinrich Hölzl, Martina H. Schmidt, Lambertus Verlag Freiburg, 2000, S. 114

lädt es natürlich zu einem großflächigen Körperkontakt ein. Weiterhin wird dem Reiter eine günstige Trage Halte Situation in rhythmischer Bewegung geboten. Diese beiden Gesichtpunkte kann man auch als Aufforderungscharakter des Pferdes bezeichnen. Weiterhin sind in diesem Verhalten der Pferde Ähnlichkeiten und Anknüpfungspunkte zum frühkindlichen, nonverbalen Dialog zu erkennen.

Zusammengefasst kann gesagt werden, dass in der Arbeit mit dem Pferd folgende Beziehungsaspekte relevant werden:

- Da alle Sinne angesprochen werden, lässt das Pferd ein Spüren und Erfahren mit vielen Sinnen zu.

- Es werden positive Beziehungsinhalte (z.B.: Nähe – Distanz, Wärme Zuwendung) erfahren und so ergeben sich auch nonverbale Erfahrungsmodalitäten mit Ähnlichkeiten zu menschlichen Beziehungsgehalten.

- Durch das rhythmische „Getragen - werden" wird Regression und ein Anknüpfen an frühe Bewegungserfahrungen ermöglicht.

- Verfestigte Bewegungs- und Haltungsmuster können durch den speziellen Bewegungsreiz der Pferdebewegung gelöst werden. So wurde bei einer Reittherapie mit autistischen Menschen, zum Beispiel keine Stereotypien mehr beobachtet.

b) Sozialer Kontakt, Kommunikation und Kooperation

Bei der heilpädagogischen Reittherapie ist immer die Arbeit mit bedeutsamen Anderen vorhanden, wobei hierbei zunächst das große Lebewesen Pferd im Vordergrund steht.

Bei dieser Therapieform finden wir auf der Beziehungsebene die trianguläre Interaktion vor:

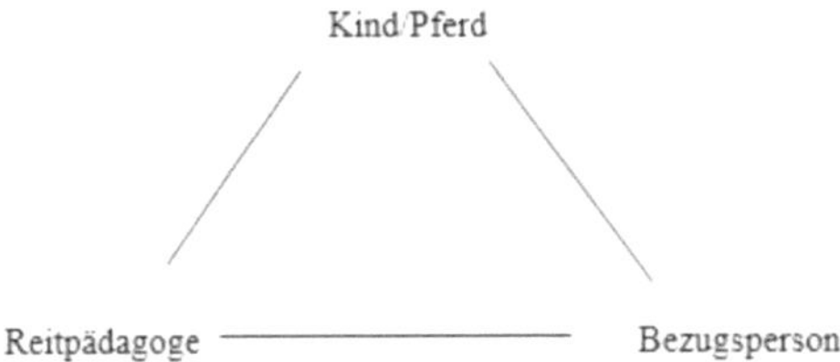

Der Teilnehmer/Klient ist somit in ein soziales Handlungsfeld eingebunden. Es zeigt sich, dass sich der Patient in dieser dichten Beziehung lernt zu entfalten. Auf diesem Weg kann eine Öffnung für sozialen Kontakt, Kommunikation und Kooperation erreicht werden.

5.3 Erfolge und Beobachtungen

Durch den engen Kontakt zum Pferd, kommt es während der Reittherapie sehr schnell zu einer Bandbreite von spontanen Kommunikationsmöglichkeiten zwischen Pferd und Klient, wie zum Beispiel die Aufnahme von Blickkontakt, Körperkontakt, Spüren und Erfühlen des Felles/Geruchs und der Gestalt des Pferdes. Es findet also ein regelmäßiger Austausch zwischen dem Klienten und dem Pferd statt, welcher im alltäglichen Kommunikationsverhalten von autistischen Menschen nur selten vorhanden ist. Natürlich vollzieht sich dieser Kontakt nonverbal. Jedoch wird er mitbestimmt durch den Rhythmus des Pferdes, welcher die innere Beteiligung des Patienten weckt. Vor allem nicht sprechende Menschen können hier ein nonverbales Konzept zur Kommunikation erfahren.

Weiterhin sind positive Beobachtungen in der körperlichen Haltung zu nennen. Beim Sitzen auf dem Pferd, wird der Kopf des Reiters frei zur Aufrichtung und zum Umhersehen im Raum. Da man sich der Bewegungserfordernis auf dem Pferd nur schwer bzw. überhaupt nicht entziehen kann, ist auch ein „Abdriften“ unmöglich. Denn ein Pferd reagiert sofort bzw. erwartet durchgehend Reaktionen. In diesem Zusammenhang wurde auch beobachtet, dass das Geschehen mit, auf und um das Pferd die Aufmerksamkeit des Klienten auf sich zieht und dieser so lernt auf viele Dinge gleichzeitig zu achten und zu reagieren. Diese Fähigkeit nehmen viele autistische Patienten auch mit in den Alltag, sie werden viel wacher.

Allein die Tatsache auf einem so großen Tier zu sitzen, in den meisten Fällen müssen hierfür auch Ängste überwunden werden, stärkt das Selbstbewusstsein. Eltern berichteten, dass dieses Selbstvertrauen übertragbar ist, auf andere lang abgelehnte Tätigkeiten (z.B.: Radfahren).

Im besten Fall, können die Patienten im Verlauf der Therapie bei der Versorgung des Pferdes mit einbezogen werden. Denn dadurch erleben und lernen sie, Verantwortung zu tragen.

Gerade bei Kindern kann durch die Reittherapie der Blick auf die Umwelt gerichtet werden, denn sie kommen beim Reiten in direkten Kontakt mit der Natur.

Zuletzt möchte ich noch darauf hinweisen, dass sich durch eine Reittherapie auch ein Selbstständiges Handeln ergeben kann. Durch das nonverbale Mittun, d.h. auf dem Pferd in der Bewegung mitzugehen, können selbstständige Handlungsansätze angeregt werden. Insofern sind Tätigkeiten des Klienten durch das Pferd stimuliert und vom zuständigen Pädagogen integrierbar.

6 Schluss

Mit diesen oben aufgeführten Erfolgen bedingt durch eine Heilpädagogische Reittherapie möchte ich nun meine Hausarbeit beenden. Ich selbst helfe einmal pro Woche beim therapeutischen Reiten in Umkirch mit und bin überzeugt von dieser Therapieform. Unter den Patienten sind auch autistische Menschen. Sitzen diese auf dem Pferd, spiegelt sich Ruhe und Entspannung in ihren Gesichtern.

Ich denke also, man muss auch mal mutig sein und sich trauen was Neues auszuprobieren.

7 Quellenverzeichnis

- http://www.autismus.de/pages/was-ist-autismus.php, 17.10.2008 16:00 Uhr

- http://de.wikipedia.org/wiki/Autismus, 17. 10. 2008 16:10 Uhr

- http://de.wikipedia.org/wiki/Prompting, 8. 11. 2008 22:20 Uhr

- http://www.autismusaba.de/wasistaba.html, 8. 11. 2008 22:25 Uhr

- http://www.dialogische-fachdidaktik.de/FacharbeitFesthalte.pdf, 9. 11. 2008 10:45 Uhr

- www.naturheilpraxis-hollmann.de/AutieP.jpg, 9. 11. 2008 12:00 Uhr

- Autistische Menschen zwischen Jugend- und Behindertenhilfe - High Function Autism und Aspergersydrom; Andrea Pickartz, Heinrich Hölzl, Martina H. Schmidt; Lambertus Verlag Freiburg; 2000

- Fachlexikon der Sozialen Arbeit, 5. Auflage 2002

- Das Pferd als Medium in der psychologischen Psychotherapie mit Kindern und Jugendlichen; Dissertation; Freie Universität Berlin; 1997

- Autismus. Erscheinungsformen, Ursachen, Hilfen; Remschmidt H, C.H. Beck; München, 2000